:: 성탄절 가족 뮤지컬 ::

# 꿈 속의 아기 예수님

# 추천의 글   merry christmas

### 장 병 혁 (국제문화예술교육원 학장)

  이 아름답고 따뜻한 성탄 뮤지컬은 단독 성가곡집 2권, 칸타타를 3권이나 발표하고 전문합창단과 소년소녀 합창단의 작곡과 편곡으로 활발하게 활동하는 작곡가 신강섭 군의 작품입니다. 본인이 수동교회 아가페성가대 지휘자로 있을 때 부지휘자 및 전속 작곡자, 베이스 솔리스트로 활동하고 있던 신강섭 군과 오래도록 고민하고 계획하면서 만들어낸 작품이기에 더 애정을 느낍니다. 당시 교회 내 4개의 성가대가 부활절, 추수감사절, 성탄절 칸타타를 돌아가면서 맡았는데 각 성가대가 여러 교회음악 출판사의 칸타타를 구입하여 연주했을 때 그 구성이나 내용에 있어서 큰 차별점이 없어서 칸타타 레퍼토리에 대해 많이 고민했던 기억이 생생합니다. 이전 칸타타에서는 성가대원들의 자녀들인 중고등부 학생들과의 콜라보 연주, 국악실내악단과 오케스트라의 반주로 국악 스타일의 칸타타 등 새로운 시도를 많이 하려고 노력하였습니다. 그러던 중 성탄절 칸타타를 성가대의 발표로 국한시킬 것이 아니라, 교회의 축제로 발전시켜보자는 취지에서 아동부와 청년부들이 함께 하는 레퍼토리를 구상하게 되었고, 성가대의 수준과 예배를 겸하는 특성을 고려하여 적절한 규모의 음악, 러닝타임을 가진 뮤지컬 칸타타를 구상하고 추진하게 되었습니다.

이 작품의 대본은 신강섭 군의 아버지 신동령 집사님이 성경적인 내용을 바탕으로 직접 대본을 썼습니다. 그 내용은 아동부터 청. 장년에 이르기까지 온가족이 공감할 수 있고, 공연을 통하여 자연스럽게 성탄절의 참된 의미를 되새기게끔 쓰였습니다. 연기를 포함한 곡의 구성도 합창, 아동중창, 아동Solo, 성인 Solo, Duet, Solo와 합창 등 관객 누구나 쉽게 이해할 수 있는 곡으로 다양하게 편성되었습니다.

　당시 이 작품을 공연했을 때 성도들의 반응은 가히 폭발적이었습니다. 이전에 보지 못하였던 장르의 훌륭한 작품임과 동시에 교회의 각 부서가 합심하여 만들었음에 감동이 더해졌다고 합니다. 저는 성탄절 칸타타의 레퍼토리를 고민하는 성가대나 단체가 있다면 성탄절 가족 뮤지컬 '꿈속의 아기예수님'을 적극 추천합니다. 훌륭한 음악과 구성, 높지 않은 난이도, 적당한 러닝타임으로 되어 있는 이 작품은 온 교회가 하나 되어 만드는 성탄 축제가 될 것이라 확신합니다.

:: 시놉시스

크리스마스 이브 저녁, 초등학교 3학년인 금별이는 가족과 함께 크리스마스 파티를 열고 있다. 한창 분위기가 무르익을 무렵, 아빠와 엄마, 금별이는 기대에 차서 산타할아버지에게 받고 싶은 선물이 무엇인지 이야기를 나눈다. 교회 권사님이신 할머니는 그런 가족들에게 크리스마스는 우리를 죄에서 구원하시기 위해 이 땅에 오신 예수님을 기념하는 날이라는 이야기를 들려준다. 할머니의 말에 금별이는 선물을 주실 산타할아버지를 더 이상 만나지 못할까 걱정을 하며 잠이 든다. 크리스마스 새벽, 깊은 잠에 빠진 금별이에게 한 천사가 찾아온다. 그리고 금별이의 손을 잡고 곧 예수님이 태어나실 베들레헴으로 향한다.

## 등장인물
금별(여) : 10세, 초등학생
금별 엄마(여) : 40세, 금별의 엄마
금별 아빠(남) : 40세, 금별의 아빠
할머니(여) : 64세, 금별의 친 할머니
천사
마리아(여) : 예수의 어머니
요셉(남) : 마리아의 남편
동방박사1,2,3 : 페르시아에서 온 박사들

## 장소
현대, 금별의 집과 그리스도가 태어나시던 날, 이스라엘의 나사렛 마리아와 요셉의 집, 그리고 베들레헴의 마구간.

## 노트
「꿈속의 아기 예수님」은 현재 초등학교 3학년인 주인공 금별이와 2천여 년 전 이스라엘에서 태어난 아기 예수님의 탄생 과정을 지켜보며, 선물을 주고받는 축제일로 퇴색한 크리스마스의 본래적 의미를 묻는다.

성탄절 가족 뮤지컬 ::
꿈 속의
아기 예수님

7    #1. 만민들아 기뻐하라(서곡)

17    #2. 고요한 밤, 거룩한 밤(찬송가 109장)

21    #3. 아기예수님은 선물일까?

24    #4. 그 맑고 환한 밤중에(찬송가 112장)

27    #5. 천사와 금별이의 노래

35    #6. 천사의 축복과 마리아의 기도

45    #7. 동방박사의 노래

55    #8. 그 어린 주 예수(찬송가 123장)

60    #9. 회중들과 함께하는 캐럴 메들리

73    #10. 나신 왕께 경배하세

# 1장

merry christmas

금별의 집, 무대 중앙의 거실에 조명이 비춘다.
금별이와 엄마 아빠가 분주하게 오가며 식탁 위에
크리스마스 케이크와 샴페인, 과자들 등을 차리고
있다.

### #1 만민들아 기뻐하라(서곡)

만민들아 기뻐하라, 하늘의 영광 보아라, 땅 위의 평화 볼지어다.
하늘의 영광이 땅에 임하여 세상의 아픔 물러가고
많은 백성의 죄를 사하려 아들 보내주셨네!
그는 왕의 왕, 존귀하신 이름 예수 그리스도.
오늘 이 땅에 오신 이름 높이며 기쁜 찬양드리자.
하늘에는 영광, 땅 위에는 평화, 거룩한 오늘 밤 찬양하여라!
나의 맘에 주신(가장 귀한 기쁨) 나의 소망 되신 영광!
이 땅 위에 오신 주님께 영광 돌리세!
세상엔 기쁨의 노래 들리고 예수님 오심 기뻐하네.
우리를 위하여 오신 그 사랑, 영원히 감사하리라!
산과 바다와 모든 나라가 주님의 나심을 기뻐하네.
기쁜 찬양과 넓은 사랑을 모두 감사하여라.
하늘에는 영광, 땅 위에는 평화, 거룩한 오늘 밤 찬양하여라!
나의 맘에 주신(가장 귀한 기쁨) 나의 소망 되신 영광!
이 땅 위에 오신 주님께 영광 돌리세! 할렐루야, 아멘!!

# #1 만민들아 기뻐하라(서곡)

*Merry christmas*

Rhumba ♩ = 115

신강섭 작사, 곡

만민들—아 기뻐하라 하늘의—영광보아라

땅위의—평화볼 지어다

+With Bongo or Conga

Copyright © 2013.09. Kangseop shin

샤인뮤직. 작은 멋쟁이 International Copyright Secured, All Rights Reserved 무단 복사 및 편집을 금합니다.

무대 중앙의 거실을 비추고 있는 조명이 꺼지고 무대 오른쪽에 위치한 안방에 조명이 비춘다.

할머니 : (무대 앞으로 나오며 관객들을 향해) 여러분 샬롬! 반가워요. 내일이 무슨 날인지 다들 알고 계시죠? 그래요. 아기예수님이 탄생하신 기쁜 날이에요. 그런데 우리 아들, 며느리, 손주는 그걸 모르고 그저 산타, 산타, 어휴! 나도 이렇게 속상한데, 하나님은 어떠실까요? 우리 가족이 무슨 이야기를 하는지 한번 들어보시구려.

할머니 '고요한 밤, 거룩한 밤'을 콧노래로 부르자 합창단, '#2. 고요한 밤, 거룩한 밤'을 Ooo로 부른다. 안방의 조명이 꺼지고 다시 무대 중앙 거실이 밝아온다. cue # underscore

금별 : 엄마! 내일이 크리스마스잖아요. 오늘 밤에 산타할아버지가 어떤 선물을 주실까요?

엄마 : 글쎄…….(금별이에게 살짝 윙크를 하며) 아마 우리 금별이가 갖고 싶어 하는 새 가방이나 인형이지 않을까? 엄마 심부름도 많이 했으니까 더 좋은 걸 주실지 모르지.

금별 : (손뼉을 치며) 우와, 정말요? 이번 크리스마스 땐 절대 잠을 안 잘 거예요. 산타할아버지를 꼭 보고 말거예요. 어떻게 생기셨는지. 루돌프 사슴 코가 정말 반짝반짝 빛나는지, 썰매는 얼마나 크고 멋진지…….

아빠 : 우리 금별이, 신났구나! 자, 크리스마스 파티를 시작하자. 할머닌 어디 계시니?

금별 : (안방으로 뛰어 들어가며) 할머니, 할머니

잠시 뒤 금별이가 할머니의 손을 잡고 거실로 나온다.

할머니 : 아이구, 우리 금별이가 크리스마스라고 신이 났구나.

금별 : 그럼요! 산타할아버지가 오셔서 정말 갖고 싶었던 선물을 주시는데 당연하죠.

할머니 : 금별아, 크리스마스는 산타할아버지가 선물을 주는 날이 아니란다. 빨간 옷을 입은 산타클로스는 한 음료회사가 자신들의 상품을 팔려고 만든 이미지란다. 그런데 에비, 에미. 너희까지 있지 않은 산타클로스 얘기를 하고 있었던 거니? 크리스마스의 주인공은 예수님…….

아빠 : (귀찮은 듯이) 엄마! 또 그 성경 말씀이세요? 아이들은 예수님보다 선물을 주는 산타할아버지를 더 좋아해요.

엄마 : (남편과 시어머니를 번갈아 보며) 맞아요, 어머니. 그리고 날도 추워졌는데 새벽기도도 그만 나가세요. 괜히 감기 들거나 미끄러져 넘어지시기라도 하면 어쩌려고 그러세요.

할머니 : 크리스마스잖니. 예수님이 우리를 위해 오신 날인데 감사 기도를 드려야 하잖니. 네가 아직 하나님의 사랑을 몰라서 그래. 금별아. 크리스마스가 무슨 뜻인지 아니?

금별 : (당연하다는 듯) 산타할아버지한테 선물 받는 날이요!

할머니 : 금별아. 할미 말 잘 들어라. 크리스마스는 원래 '그리스도의 예배'라는 의미란다. 그리스도이신 예수님의 탄생을 기념하기 위해 예배를 드리는 날이지.

금별 : 저도 크리스마스가 예수님이 태어나신 날이란 건 알아요.

할머니 : (기특한 표정으로) 그래, 우리 금별이도 알고 있었구나! 이제부터 할미가 예수님이 왜 이 땅에 오셨는지 말해주마. 하나님이 우리를 사랑하셔서 우리의 죄를 깨끗하게 없애주시려고 이 땅에 예수님을 보내 주셨단다. 그 아기예수님이 이 땅에 태어난 날이 바로 크리스마스이고, 우리 금별이를 너무 사랑하시는 하나님의 선물인 거지. 알겠니?

금별 : 선물이요?

할머니 : 그래, 선물.

금별 : (의아하다는 표정으로) 아기 예수님이 선물…….

할머니 : 그리고 금별이 에비랑 에미도 성탄절의 의미를 잘 기억해 두어라. 예수님이 너희를 아주 많이 사랑하신다는 것을!

엄마&아빠 : (마지못해) 네…….

암전
#2. 고요한 밤, 거룩한 밤(합창단, 1절만 부른다.)

고요한 밤, 거룩한 밤, 어둠에 묻힌 밤.
주의 부모 앉아서 감사기도 드릴 때
아기 잘도 잔다.X2

# #2. 고요한 밤, 거룩한 밤

**Andante espressivo** ♩=90

암전1: Ooo로 4성부 부를 것
암전2: 가사로 1절 부를 것

1. Ooo —
2. 고요한 밤 거룩한 밤 어둠에 묻힌 밤 주의 부모 앉아서 감사 기도 드릴

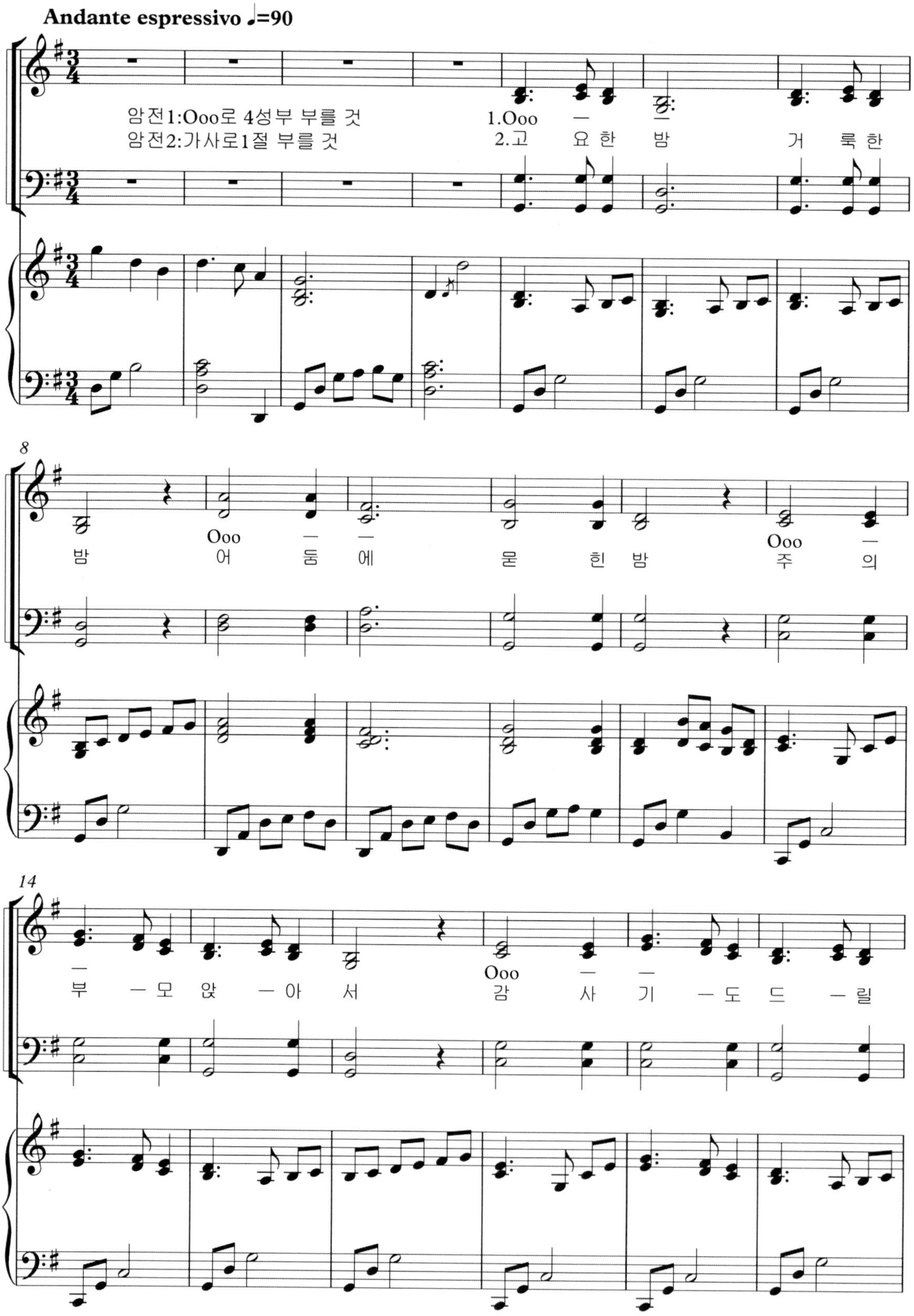

# 2장

merry christmas

금별이의 방. 금별이는 책상의자에 앉아 깊은 생각에 빠져있다. 무대 위엔 금별이의 의자, 이불이 깔려 있고, 벽에는 아빠의 등산용 양말이 걸려 있다.

금별 : 난 지금까지……(#3 전주 시작) 크리스마스는 산타할아버지가 오시는 날인 줄 알았는데……. 하나님이 아기예수님을 선물로 보내주신 날이라고?

### #3. 아기예수님은 선물일까?(금별)

아기예수님은 선물일까? 왜 선물로 여기 오셨을까?
우리의 잘못을 용서하기 위해 오셨다는 선물, 아기예수 난 알 수 없어요.
우리 죄를 위한 예수님은 왜 선물로 오셨을까?
우리 죄 위-해 찾아오신 아기예-수
왜 아기예수는 이곳으로 오셨을까? X2

# #3. 아기예수님은 선물일까?

**Andante espressivo** ♩=70

신강섭 작사.곡

아 기 예 수 님 은 선 물 일 까?

왜 선물로— 여기 오셨을까 —? 우리의— 잘못을

샤인뮤직. 작은 멋쟁이 International Copyright Secured, All Rights Reserved  무단 복사 및 편집을 금합니다.

금별 : (침대에 벌러덩 누우며) 에이 모르겠다. 이번엔 잠자지 말고 산타할아버지를 기다릴 거야. 만나서 물어봐야지. 크리스마스가 아기예수님의 날인지.

금별이, 침대 위에서 한동안 뒤척이는 듯 하더니 금세 잠이 들어버린다.

암전

#4. 그 맑고 환한 밤중에(어린이 중창, 1절만 부른다.)

그 맑고 환한 밤중에 뭇 천사 내려와
그 손에 비파 들고서 다 찬송하기를
평화의 왕이 오시니 다 평안하여라.
그 소란하던 세상이 참 고요하도다. 아멘.

# #4. 그 맑고 환한 밤중에

한 줄기 빛이 잠을 자고 있는 금별이에게 비춘다. 빛 속에서 누군가 금별이에게 다가와 흔들어 깨운다. 환한 빛이 차츰 사그라지고 잠에서 깬 금별이가 놀란 눈으로 천사를 바라본다.

천사 : 네가 금별이니?

금별 : (깜짝 놀라며) 누구세요?

천사 : 나는 하나님께서 보내신 천사야. 아기예수님의 이야기를 들려주라고 보내셨지.

금별 : 하나님께서 보내신 천사요?

천사 : 그렇단다. 나와 함께 아기예수님을 만나러 가자. (바로 #4 전주 시작)

## #5. 천사와 금별이의 노래(천사와 금별)

(천사)두려워하지 말고 무서워하지 마렴. 내가 너와 함께 동행해줄게.
너의 두 손을 모아 주님께 기도하면 기쁨이 넘쳐흐를 거야.
(금별) 제가 그곳에 가도 괜찮을까요? 저는 아직 준비가 안 됐는데..
아직 아는 것 없고 모르는 것도 많은데 갈 수 있을까요?
(천사) 괜찮아. 기뻐하실 거야 하나님은 다 아시니까!
(금별) 그러면 저는 천사님을 따라갈래요, 함께.
(천사) 나의 손을 잡으렴. (금별) 두 손을 마주잡고
(천사) 너와 함께 날아올라 (금별) 저 하늘 위로
(천사) 주님이 계신 곳으로 나와 함께 떠나자!
(금별) 나의 두 눈을 감고 (천사) 함께 손을 잡으며
(금별) 예수님을 만나러 가요! (천사) 저 하늘 위로
(천사&금별) 주님이 계신 곳으로 함께 떠나요!
(금별) 하나님 말씀 따라 태어난 예수님, 그 아기를 만나러 난 떠나가네.
주님이 계신 곳으로 떠나요!

암전

# #5. 천사와 금별이의 노래

Andante espressivo ♩ = 70

신강섭 작사.곡

# 3장

이스라엘 나사렛에 있는 마리아의 집. 천사가 금별이를 데리고 집 마당으로 들어선다. 그곳에는 마리아가 조용히 기도하고 있다.

금별 : 여기는 어디예요?

천사 : 여기는 나사렛이란다. 아기 예수님이 태어나신 곳이지.

금별 : (놀라며 큰 목소리로) 아기 예수님요? 우리 할머니가 하나님의 아들이라고 했던 그분 말이에요? 그 아기 예수님을 지금 볼 수 있단 말이에요?

천사 : (나지막한 목소리로) 쉿, 조용히 하렴. 마리아가 기도하고 있잖니? 이제 곧 아기 예수님을 볼 수 있을 거야. 잠깐 여기서 기다리렴. 마리아에게 전해 줄 말이 있단다. 하나님이 꼭 전하라고 하셨던 말씀.

이때 #5 전주가 나온다.

천사 : (마리아에게 다가가며) 마리아, 마리아!

마리아 : (기도하다가 소리 나는 쪽으로 고개를 돌리며) 누구시지? 나를 부르는 저 음성은.

## #6. 천사의 축복과 마리아의 기도(천사, 마리아, 합창단)

(천사) 주의 은혜를 받은 그대여, 평안할지어다. 하나님께서 그대와 함께 계실지어다.X2

(합창단) 그대가 아들을 낳으리니 그 이름을 예수라 하라X2

(마리아) 비천한 자에게 영광 있다 하시니 나는 주님께 감사합니다.

부족한 저에게 기쁨 내려주시니 나는 주님께 경배합니다.

(합창단) 놀라운 일을 내가 보며 나의 영혼과 온 땅이 기뻐하네!

주가 행하신 놀라운 일을 내 눈이 보며(온 세상이 보며)영원히 기뻐하리.

(마리아) 놀라운 일을 내가 보며 나의 영혼과 온 땅이

주가 행하신 놀라운 일 내 눈이 보며(온 세상이 보며)

(합창단) 영원히 기뻐, 기뻐, 기뻐하리!

# #6. 천사의 축복과 마리아의 기도

암전

요셉의 방 안, 요셉이 침대 위에 깊은 한숨을 몰아쉬며 엎치락뒤치락 잠을 못 이루고 있다.

요셉 : (한숨을 내쉬며) 어떻게 이런 일이 있을 수 있지? 나와 동거하지도 않았는데 마리아가 임신을 했다니. 다른 사람의 아이를 갖고도 내 청혼을 받아들였던 걸까? 처음부터 나를 속였던 걸까? (머리를 가로저으며) 아냐, 그럴 리 없어. 마리아는 절대 그

릴 여자가 아니야. 나는 마리아를 믿어. 그런데 율법이 문제야. 정혼한 여자가 임신을 하면 간음죄를 처벌 받아야 하는데. 이 일을 어떻게 하지?

요셉, 무언가 결심을 한 듯 자리에서 일어나 앉는다.

요셉 : 아, 하나님. 제 마음을 아시죠? 내가 얼마나 마리아를 사랑하는지. 아무래도 여기서 그만 두어야겠습니다. 그녀를 위해서라도 청혼은 없던 일로 해야겠습니다.

천사 : (내레이션으로) 다윗의 자손 요셉아.

당황한 요셉이 주위를 두리번거린다.

천사 : 다윗의 자손 요셉아! 네 아내 마리아 데려오기를 무서워하지 말라. 그에게 잉태된 자는 성령으로 된 것이라. 아들을 낳으리니 이름을 예수라 하라. 이는 그가 자기 백성을 그들의 죄에서 구원할 자이심이라 하니라.

요셉 : (놀란 목소리로) 우리를 구원할 분이라고요? 마리아가 잉태한 아기가?

천사: 이 모든 일이 된 것은 주께서 선지자로 하신 말씀을 이루려 하심이니 이르시되 보라 처녀가 잉태하여 아들을 낳을 것이요. 그의 이름은 임마누엘이라 하리라 하셨느니라.

요셉: 여호와여 주께서 주의 종을 위하여 주의 뜻대로 이 모든 큰일을 행하사 이 모든 큰일을 알게 하셨나이다. 주님의 뜻대로 내가 마리아와 함께 하겠나이다.

암전

# 4장

merry christmas

베들레헴으로 향하는 길. 한밤중에 금별이와 천사가 길을 가다 걸음을 멈추고 밤하늘을 바라본다. 하늘에 유난히 큰 별 하나가 반짝이고 있다.

금별 : 천사님! 저기 커다란 별이 빛나요.

천사 : (환하게 웃으며) 저 별은 하나님이 아기 예수님의 탄생을 알리려고 밝히신 별이란다.

금별 : 아기 예수님요? 아기 예수님이 태어나셨어요?

천사 : 그래! (#7의 전주 시작)

멀리서 노래 소리가 들리고 동방박사 세 사람이 저마다 커다란 짐 꾸러미를 들고 등장한다.

금별: (동방박사들을 가리키며) 천사님! 저기 누가 와요.

## #7. 동방박사의 노래

우리는 귀한 예물 가지고 나신 아기를 만나러 가네.
선물은 황금 덩어리, 그리고 유향과 몰약.(X2)
동방박사1 : 나는 마리아와 아기에게 보배가 될 황금 가지고 왔지.
(코러스) 기쁘게 받아주세요! 우리의 귀한 선물을.
동방박사2 : 나는 주님의 신성하심을 경배할 향유를 가지고 왔지.
(코러스) 기쁘게 받아주세요! 우리의 귀한 선물을.
동방박사3 : 나는 주님의 미래를 위해 준비된 몰약을 가지고 왔지.
(코러스) 기쁘게 받아주세요! 우리의 귀한 선물을.

동방박사 세 사람, 가던 길을 멈추고 짐을 내려놓는다.

동방박사3 : (거친 숨을 몰아쉬며) 베들레헴까지 아직 멀었나?

동방박사1 : 거의 다 왔으니 조금만 힘내게! 그런데 말일세. 길을 오는 내내 며칠 전에 만난 헤롯왕이 마음에 걸리네. (하늘에 떠 있는 별을 가리키며) 우리가 저 별을 보고 유대인의 왕으로 나신 이를 경배하러 왔다고 했을 때 헤롯 왕의 그 눈빛을 잊을 수가 없네.

동방박사2 : (고개를 끄덕이며) 맞아. 어딘지 불편해 하는 기색이었네. 질투심과 시기심으로 번뜩이는 눈빛이랄까?

동방박사3 : 헤롯 왕이 유대인의 왕이 나셨단 말에 급히 대제사장과 서기관들을 불러 선지자의 말을 확인했을 때 말인가?

동방박사1 : (짐 꾸러미에서 가죽으로 된 파피루스를 꺼내 읽는다.) 유대 땅 베들레헴아 너는 유대 고을 중에서 가장 작지 아니하도다. 네게서 한 다스리는 자가 나와서 내 백성 이스라엘의 목자가 되리라.

동방박사2 : 그건 베들레헴에서 그리스도가 나신다는 선지자의 말 아닌가? 왕궁의 대제사장과 서기관들이 헤롯 왕에게 보고했던 선지자의 예언 말일세.

동방박사3 : 헤롯 왕이 그 얘길 듣자마자 날 조용히 부르더니 캐묻더구먼. 그 별이 정말 유대왕의 별이냐? 별이 나타난 때는 언제냐? 하고 말이야.

동방박사1 : 게다가 우리가 왕궁을 떠날 땐 가서 아기에 대하여 자세히 알아보고 찾거든 내게 고하여 나도 가서 그에게 경배하게 하라고 신신당부하지 않았나?

동방박사3 : 난 그 말이 자꾸 맘에 걸리네. 정말 장차 유대의 왕이 될 아기에게 경배하려는 걸까? 혹시 그가 있는 곳을 알아내서 쥐도 새도 모르게 죽이려는 건 아닐까?

동방박사2 : 이 친구야, 무슨 그런 불경한 말을 하나? 자자, 머리 아픈 얘기는 그만하고 빨리 서두르세. 유대의 왕이 곧 태어나기 전에 베들레헴에 도착해야하지 않겠나.

동방박사1 : (멀리 크고 반짝이는 별을 쳐다보며) 들을 귀 있는 자는 듣는 법일세. 베들레헴으로 가는 길을 일러준 양치기 청년을 기억하나? 그도 저 별을 보고 호산나하고 유대왕의 탄생을 찬양하지 않던가? 장차 이스라엘의 목자가 될 아기는 누군가에게는 두려움일 것이고 누군가는 기쁜 소식이 될 걸세. 자, 어서 가세! 가서 기쁜 소식을 직접 눈으로 보고 경배드리세.

## #7. 동방박사의 노래

우리는 귀한 예물 가지고 나신 아기를 만나러 가네.
선물은 황금 덩어리. 그리고 유향과 몰약.
저 마구간으로 떠나세! 우리는 주님을 만나러 간다네!

# #7. 동방박사의 노래

신강섭 작사,곡

금별 : (천사의 손을 잡아끌며) 천사님, 우리도 어서 따라가요. 아기 예수를 만나야죠.

금별과 천사도 서둘러 동방박사들의 뒤를 따른다.

#8. 그 어린 주 예수(합창, 1절만 부른다.)

그 어린 주 예수 누울 자리 없어 그 귀하신 몸이 구유에 있네.
저 하늘에 별들 반짝이는데 그 어린 주 예수 꼴 위에 자네.

암전

# #8. 그 어린 주 예수

**Softly** ♪ = 90

신강섭 작사,곡

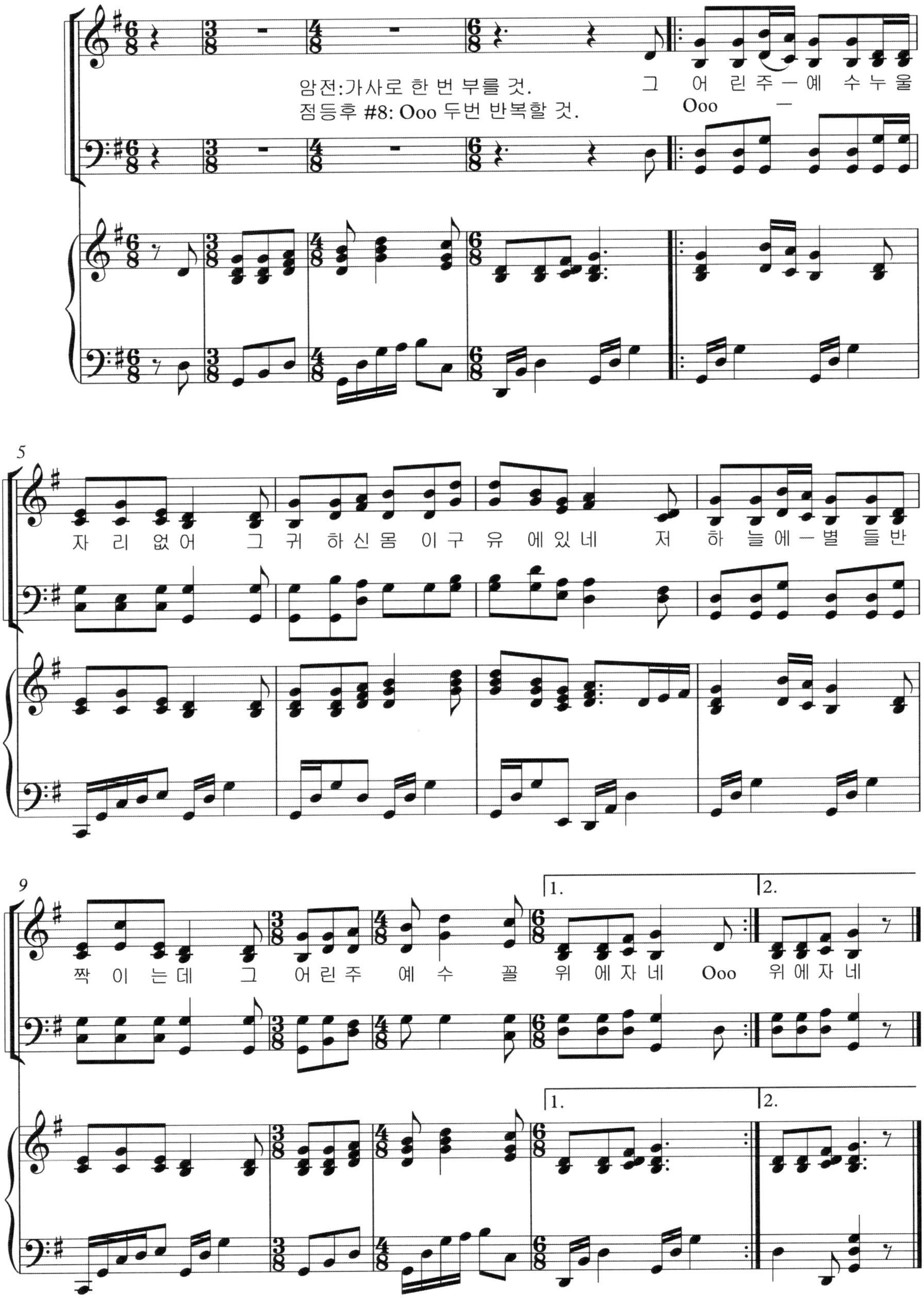

암전:가사로 한 번 부를 것.
점등후 #8: Ooo 두번 반복할 것.

그 어린주—예수누울 자리없어 그귀하신몸이구유에있네 저하늘에—별들반짝이는데 그어린주예수꼴위에자네 Ooo 위에자네

Ooo —

# 5장

merry christmas

베들레헴의 한 여관, 짙은 어둠속에 묻힌 마당 한 구석에 환하게 불을 밝힌 마구간이 있다. 마구간 벽은 허물어진 채 간신히 지붕만 받치고 있다. 요셉이 나귀가 있는 구유 옆자리에 짚을 깔고 마리아와 아기 예수를 누이고 있다(마리아와 요셉이 대사를 하는 동안 '그 어린 주예수' OOO로 부른다.)

요셉 : 마리아, 고생 많았소. 편히 누울 방을 구해주지 못해서 미안하오.

마리아 : 그런 말 말아요, 요셉. 로마 황제의 인구조사 칙령을 지키느라 사람들이 한꺼번에 몰려드는 바람에 방을 구하기 어려운 거잖아요. 그나마 몸을 누일 마구간이라도 마련한 건 하나님의 은혜예요.

이때 동방박사 세 사람이 급히 마구간 안으로 뛰어 들어온다. 금별이도 천사의 손을 잡고 뒤따라 마구간 안에 들어선다.

동방박사1, 2, 3 : 이 아기가 장차 유대인의 왕으로 나신 아기로군요!

급작스러운 동방박사들의 방문에 마리아가 황급히 자리에서 일어나 앉는다.

요셉 : (마리아를 다시 자리에 누이며) 허락도 없이 남의 방에 들어오면 어떡하오? 대체 댁들은 누구요?

동방박사1 : 이런, 내 정신 좀 보게. 무례를 범했소이다. 저희는 동방에서 온 박사들입니다. 오래 전부터 예언에 나오는 유대 왕의 별을 찾고 있었답니다. 그러다가 몇 달 전에 그 별을 보고 문득 앞서 인도하여 가다가 여기 아기 있는 곳 위에 머물러 서 있는지라 너무 기쁜 나머지……. 이런 무례를 범하게 되었소이다.
(자신의 짐 꾸러미에서 황금을 꺼내 아기에게 예를 갖추어 바치면서) 장차 유대의 왕이 되실 아기께 황금을 선물로 드립니다. 구주가 나셨으니 곧 그리스도 주시니라.

동방박사 2와 3도 저마다의 짐 꾸러미에서 선물을 꺼내 아기 앞에 무릎을 꿇고 차례로 경배한다.

동방박사2 : 저는 유향을 준비했습니다. 지극히 높은 곳에서는 하나님께 영광이요 땅에서는 하나님이 기뻐하신 사람들 중에 평화로다 하신 말씀을 감사하여 드립니다.

동방박사3 : 저는 몰약을 준비했습니다. 여호와께서 이 아기에게 상함을 받게 하시기를 원하사 질고를 당하게 하셨은즉 그의 영혼을 속건제물로 드리기에 이르면 그의 손으로 여호와께서 기뻐하시는 뜻을 성취할 것입니다. 이를 기념하여 드립니다.

동방박사1 : 자, 우리를 구원하실 표적을 보았으니 하나님께 영광을 돌리고 찬송하며 돌아갑시다.

동방박사2,3 : 지극히 높은 곳에서는 하나님께 영광이요 땅에서는 하나님이 기뻐하신 사람들 중에 평화로다.


동방박사들은 요셉과 마리아에게 인사를 하고 나간다.

마리아 : (요셉의 손을 잡고) 내 영혼이 주를 찬양하며 내 마음이 하나님 내 구주를 기뻐하였음은 그의 여종의 비천함을 돌보셨음이라 보라 이제 후로는 만세에 나를 복이 있다 일컬을 것입니다.



요셉과 마리아가 기도하는 동안, 천사가 금별의 손을 잡고 무대 앞으로 나온다.



천사 : 여기 하나님이 우리와 함께하신다는 언약을 위해 이 세상에 오신 그리스도가 계십니다. 여러분! 아기 예수의 탄생을 다 함께 축하해주시지 않으시겠습니까?

금별 : 메리 크리스마스, 여러분! 우리 함께 아기 예수님의 탄생을 축하해요. 함께 찬양해요.

## #9. 회중들과 함께하는 캐럴 메들리(합창단, 회중과 함께)

할렐루야! 할렐루야! 세상 만물들아 찬양해!
온 땅과 하늘아 다 경배드리며 온 성도 함께 찬양합시다!
(합창단) 천사 찬송하기를 거룩하신 구주께
영광돌려 보내세 구주 오늘 나셨네!
크고 작은 나라들 기뻐 화답하여라!
영광 받을 왕의 왕 베들레헴에 나신 주!(X2)
(회중) 오늘 나신 예수는 하늘에서 내려와
처녀 몸에 나셔서 사람 몸을 입었네
세상 모든 사람들 영원하신 주님께
영광 돌려 보내며 높이 찬양하여라!(X2)
(합창단) 성도들아 찬양하라 성부, 성자, 성령께!
우리 모두 소리 높여 삼위일체 찬양해!
경배하세, 경배하세, 나신 왕께 절하세!

(두번 반복.처음은 합창단, 두 번째는 회중)
기쁘다, 구주 오셨네! 만백성 맞아라!
온 교회여, 다 일어나 다 찬양하여라. 다 찬양하여라
다 찬양, 찬양하여라!

(회중) 천사들의 노래가 하늘에서 들리니
산과들이 기뻐서 메아리쳐 울린다.
영광을 영광을 영광을 영광을
높이 계신 주께
영광을 영광을 영광을 영광을
높이 계신 주께

(합창단) 주님의 나심을 기뻐하는 천사의 노래가 들려 오네.
듣는 자여, 기뻐할지어다! 하나님의 사랑을!
만 왕의 왕께서 나셨도다! 여호와께 감사하라
이 땅에 오신 주께 영광 돌리세, 영광을 돌리세! 아멘!

암전

Merry christmas

# #9. 회중들과 함께하는 캐럴 메들리

Festivaly ♩=110

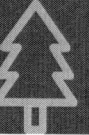

신강섭 편곡

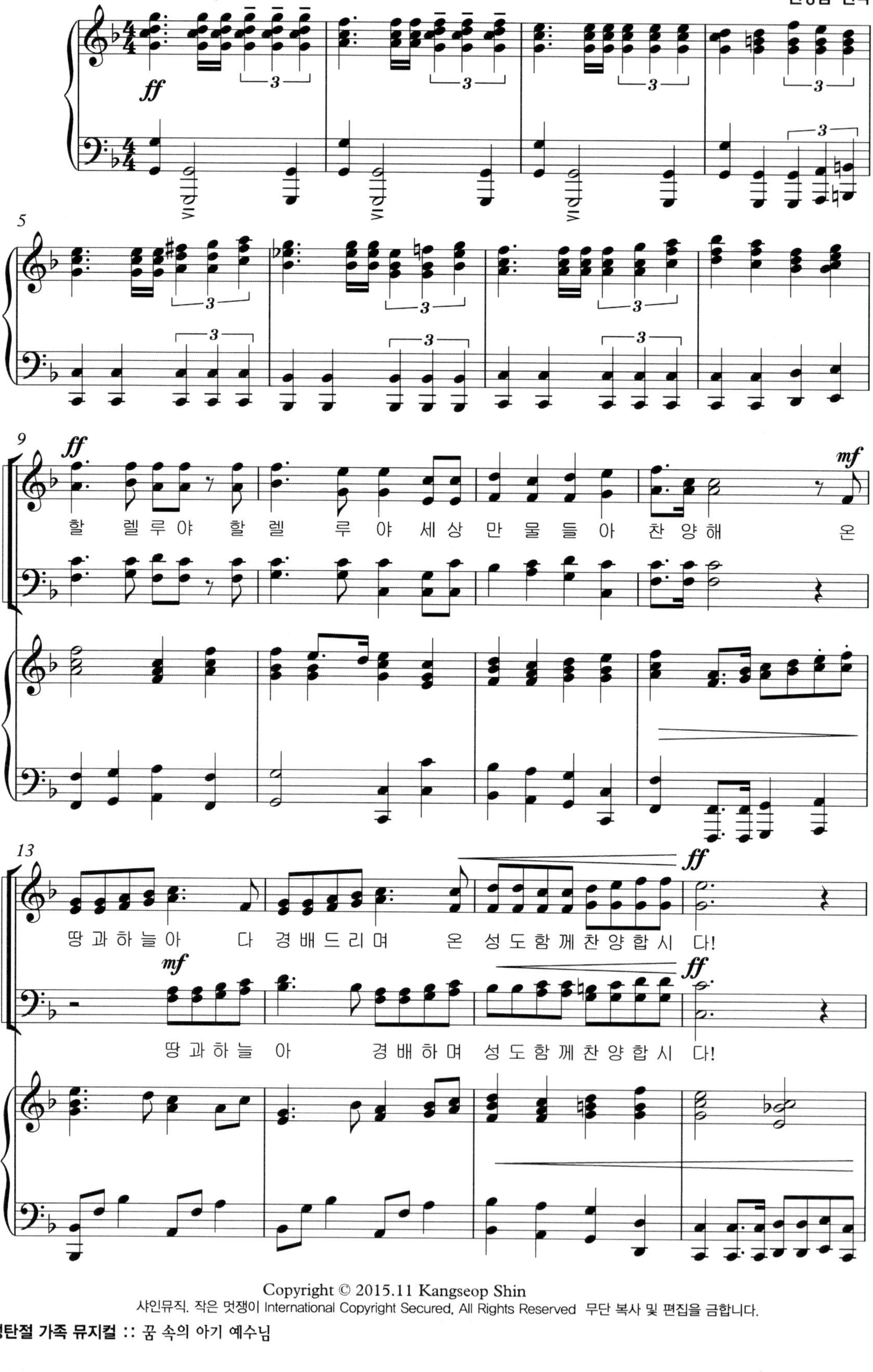

68
Descant
ff
찬 양 하 여 라 찬 양 찬 양 —
찬 양 하 여 — 라 다 — 찬 양 하 여 — 라 다 — 찬 — 양 찬 — 양
다 찬 양 하 여 라 다 찬 양 해

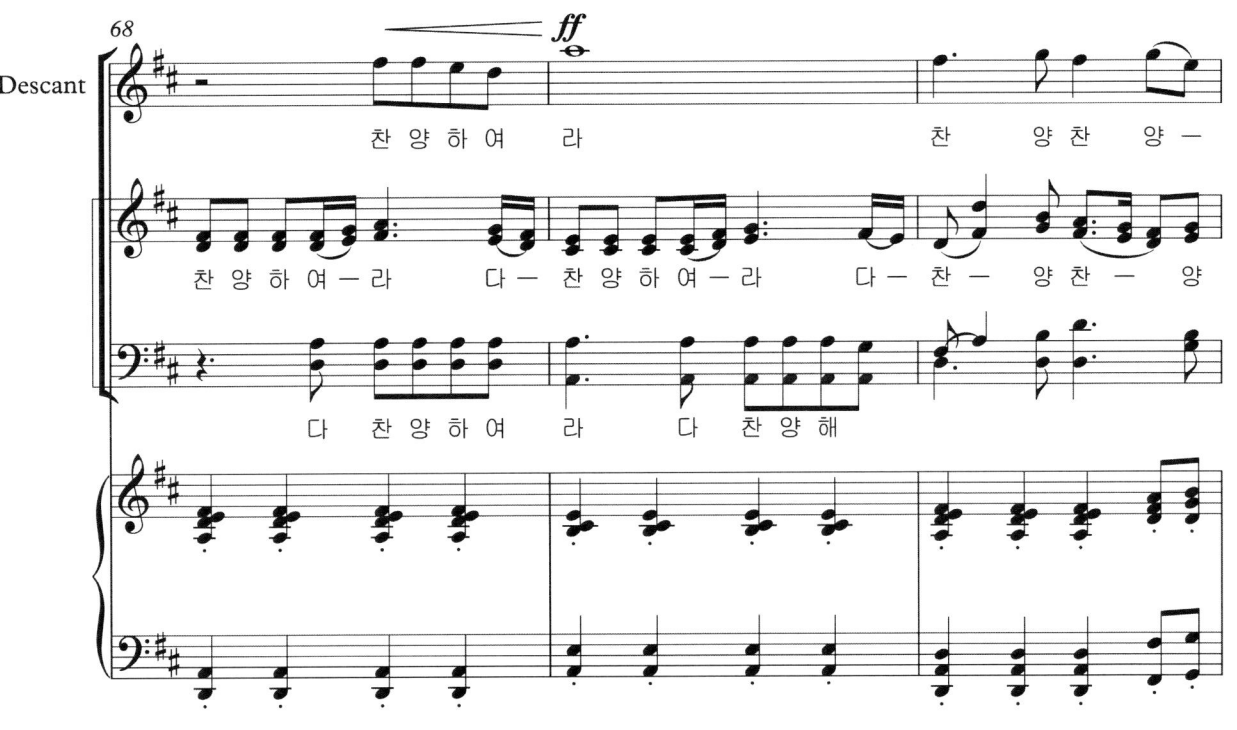

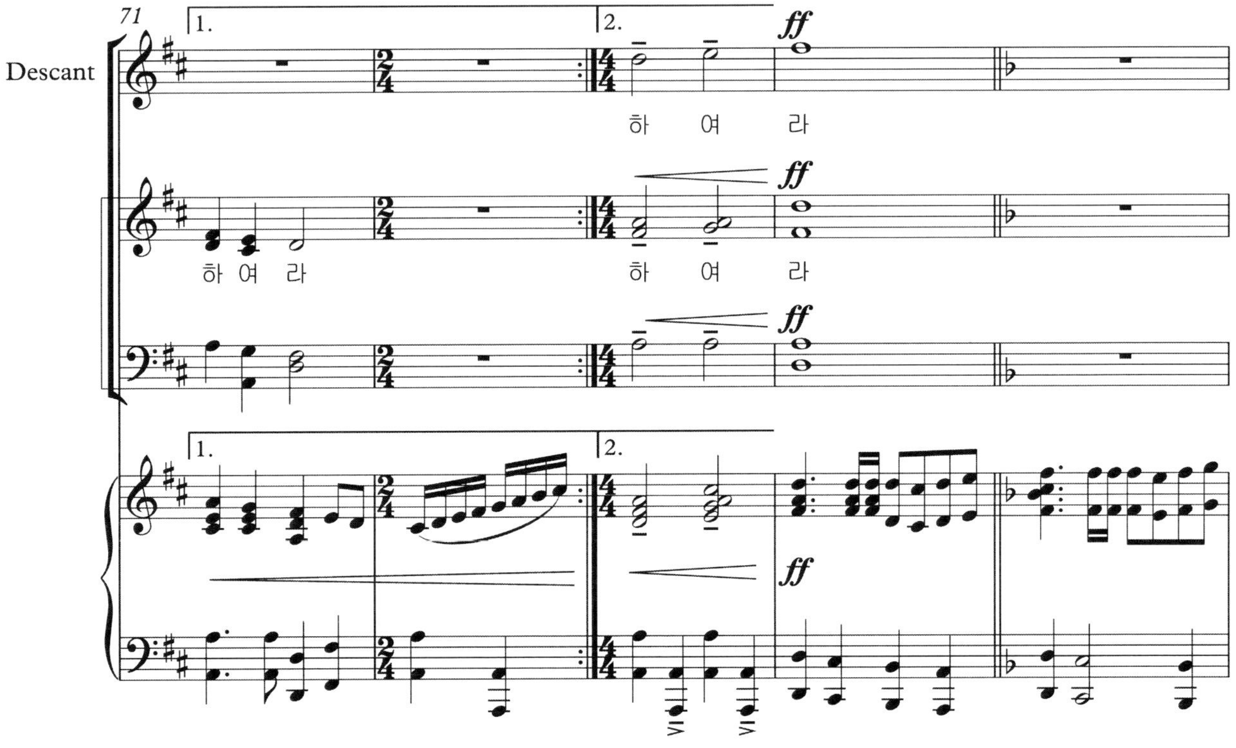
71
1.
2.
Descant
ff
하 여 라
하 여 라 하 여 라
ff
ff
1.
2.
ff

# 6장

merry christmas

금별이의 방. 침대 주변에 선물상자가 가득 놓여 있다. 금별이 "메리 크리스마스" 하고 잠꼬대를 하며 뒤척인다.

엄마 : (깜짝 놀라 방으로 뛰어 들어오며) 금별아, 무슨 일이니?

금별 : (벌떡 일어나 앉으며) 아기 예수님이 태어났어요. 하나님께는 영광, 사람들에게는 평화의 선물로 우리에게 오셨어요. 이 기쁜 소식을 알려야 해요. 할머니, 아빠!

금별, 잠옷 바람으로 거실로 나오더니 "아기 예수님이 태어나셨어요." 하고 환호한다.

할머니 : 어이구, 금별이가 아기 예수님 탄생을 축하하는 구나.

금별 : 네! 그리고 귀한 선물도 받았어요.

아빠 : 산타할아버지가 준 선물 꾸러미 보았구나!

금별 : 아니요. 그건 그냥 선물이에요. 하지만 아기 예수님은 임마누엘로 오신 진짜 선물이에요.

**엄마&아빠** : (서로의 얼굴을 바라보며 당황스러운 듯) 아기 예수님?

**금별** : 네, 그분은 우리의 죄악 때문에 징계를 받으세요. 대신 우리는 평화를 누리고 그분이 채찍에 맞으므로 우리는 나음을 받게 되요.

금별, 눈물을 흘리며 할머니 품에 안긴다.

**할머니** : (금별이의 머리를 쓰다듬으며) 저런, 우리 금별이가 아기 예수님을 만나고 기쁘기도 하면서 아프기도 하나 보구나.

**금별** : (풀이 죽은 목소리로) 할머니, 왜 아기 예수님은 고통을 당할 걸 알면서 선물로 오셨어요? 아기 예수님이 십자가에 죽을 거면서 왜 오셨어요? 우리 잘못이잖아요. 그럼, 모른 척 하고 안 오시면 되지. 왜 오셔서…….

**할머니** : 그래서 선물이란다. 선물은 사랑이고 희생이고 구원이거든. 금별아, 비록 우리 죄 때문에 아기 예수님이 오셨지만 선물로 오셨으니까 우리는 마땅히 기쁘게 받아야겠지?

**엄마& 아빠** : (어리둥절해 하며) 금별아, 대체 왜 그러니?

**금별** : 엄마, 아빠! 우리 빨리 교회 가요. 어서 가서 하나님께 우리 잘못을 용서해 주길 기도해요. 그리고 아기 예수님의 탄생을 축하드려요.

생일 축하 노래 반주가 나오며. 배우들, 합창단, 관객들 모두 예수님의 생일 노래를 부른다.

암전

다시 무대에 조명이 켜지고 스텝의 인사와 함께 '나신 왕께 경배하세' 가 연주된다.

### #10. 나신 왕께 경배하세(엔딩)

저 높은 하늘 위에 빛나는 별 하나 아름답게 이 땅을 비춰 주는데
그 빛난 영광이 주 나심 알리며 천사의 노래가 크게 울리네!
모두 주님께 경배해, 엎드려 절하세! 영광의 이름 되신 예수께!(할렐루야!)
모두 주님께 경배해, 엎드려 절하세! 영광의 이름 되신 예수께!
하나님 앞에 영광을 돌리며 감사의 찬송 부르자!
하늘의 천군 천사 다 함께 기쁨의 노래 부르네, 주께!
우리들을 위하여 귀한 아들 주신 주님께
기쁜 찬송 부르며 그의 크신 사랑 감사해!
하늘 영광, 땅엔 평화가 넘쳐나리라! 예수 나심 기뻐해!

끝

# #10. 나신 왕께 경배하세(엔딩)

Joyfully ♩ = 110

신강섭 작사, 곡

※ Joy to the world 원작 : G.F Handel

높 은 하늘위에 빛 나는 별 하나 아름

샤인뮤직. 작은 멋쟁이 International Copyright Secured, All Rights Reserved 무단 복사 및 편집을 금합니다.

성탄절 가족 뮤지컬 ::

# 꿈 속의 아기 예수님

| | |
|---|---|
| **펴 낸 날** | 초판 1쇄 2019년 9월 23일 |
| **작사작곡** | 신강섭 |
| **글 쓴 이** | 신동령 |
| **펴 낸 곳** | 도서출판 작은멋쟁이 |
| **책임편집** | 허지원 |
| **디 자 인** | 박지수 |
| **등록번호** | 제 399-2015-000007 호 |
| **발 행 인** | 김호수 |
| **주　　소** | 경기도 남양주시 평내로161번길 7-3, 203호 |
| **대표전화** | 070-4110-2533 |
| **전자우편** | littledandy@outlook.com |

Copyright ⓒ 신동령 신강섭 2018, All rights reserved

Korean Edition Copyright ⓒ 도서출판 작은멋쟁이 2019
ISBN 979-11-955069-2-7